JN134669

歌う尼さんのほっこり法話

やなせなな 文
みよこみよこ 絵

国書刊行会

歌う尼さんのほっこり法話

正誤表〈三四頁〉

【一〇行目】

誤　↓　きわめて罪の重い悪人は　ただ念仏すべきである

正　↓　きわめて罪の重い悪人はただ念仏すべきである。

【一一行目】

誤　↓　わたしもまた阿弥陀仏の光明の中に収め摂られているけれども

正　↓　わたしもまた阿弥陀仏の光明の中に摂め取られているけれども、

【一二行目】

誤　↓　煩悩がわたしの眼を遮って　正しく見たてまつることはできない

正　↓　煩悩がわたしの眼をさえぎって、見たてまつることができない。

【一三行目】

誤　↓　しかしながら阿弥陀仏の大いなる慈悲の光明は

正　↓　しかしながら、阿弥陀仏の大いなる慈悲の光明は

【一五行目】

誤　↓　『顕浄教行証文類（現代語版）』

正　↓　『顕浄土真実教行証文類（現代語版）』

大切なあの人は
どこへ行ってしまったのだろう
わたしのいのちは
どこへ消えていくのだろう

目次

第一章

おじいちゃんの空

お日さまが西の彼方にしずむころ
村の高台にある古いスピーカーから
チャイムが鳴り響きます

カランコロン
カランコロン

バイバイ
またあしたね

帰るといつもおばあちゃんが待っていて
お仏飯《ぶっぱん》の準備をします

仏さまも、お腹がすくのかな

準備ができたら
なんまんだぶ　なんまんだぶ

でも　毎日のお参り
めんどくさいなあ
今日は行かへんで

あかん
如来さん待ってるよ
おじいちゃんも　悲しまはる

おじいちゃん？
いっぺんも会ったことないよ

おじいちゃんは
あんたのお父ちゃんが生まれてすぐ
戦争へ行ったんや
ほんまは行きたくないってゆうてたのに
ばんざい　ばんざい言うてな

帰って来られへんかったんやで
戦地で死なはった

おばあちゃん
泣いてるの？

うん
だいじょうぶや
おじいちゃんな
もうお浄土行かはったから

おじょうど？

そうや
あんたのことも　いつも見たはる

いつも？

うん　いつも

さあ　おっとめしょう
なんまんだぶ
なんまんだぶ

わたしのお寺の如来さん

わたしは奈良県内のお寺で生まれ育ち、現在は六代目の住職を務めています。

その規模は小さく、生計を立てることはできません。わたしも含め、代々別の職業に就いている、いわば〝兼業お寺〟です。


わたしが僧侶の道に進んだきっかけは、祖母の影響でした。

幼い頃、外で働く両親に代わって、日ごろは〝おばあちゃん〟がわたしたち子どもの世話をしてくれていました。三人きょうだいの末っ子だったわたしはとても甘えん坊で、祖母が本堂でお参りをしているときも、掃除をしているときも、生け花をしているときも、ずっとそばを離れなかったそうです。

大好きな祖母が、仏像のことを「如来《にょらい》さん」と呼んでたいせつにしていたので、わたしも自然と手を合わせるようになりました。


お寺では、月に一回ほどのペースで行事があり、そのたびに近所の人がお参りに訪れます。

春と秋には大きな法要があり、その日はかっぽうぎ姿のおばちゃん・おばあちゃんたちが朝早くから料理のために台所に集まってきました。

まずは仏さまにお供えするお餅づくりから。

米を蒸《ふ》かして、つき、餅をこね、手早く丸めては、本堂に運びます。

今度はそれを供笥《くげ》と呼ばれる台の上に、決められた形になるように、ていねいに積み上げていくのです。なかなか根気がいる作業でした。

次に作るのはお弁当。

大きな法要では、みんなでいっしょにお経を読み、別のお寺からお招きしたお坊さんのご法話を聞くことになっていました。夜遅くまでお寺にいるので、途中には食事が必要です。

角の丸い重箱に、おひたし、煮物、ちらし寿司を詰め、お豆腐のすまし汁を添えた定番のメニューには、お肉やお魚は含まれていません。いわゆる「精進料理」と呼ばれるものです。ハンバーグもウインナーもオムライスも入っていない、子どもから見れば地味なお弁当には、干ししいたけで取った出汁が使われています。わたしはこのにおいが苦手でした。なかなか箸が進まず、食べ残しては叱られたおぼえがあります。

残念ながら、わたしが住むお寺では、こうしたお料理の習慣はなくなりました。

時間と労力がかかるので、できあいのものを購入した方が良いだろう、ということになったのです。

そうなると不思議なもので、しいたけ出汁のにおいを嗅《か》ぐたびに、あのお弁当が恋しくなるのでした。同時に、お参りの人びとがお焼香をするときの煙、夕暮れ時の肌寒い風、慌ただしいお寺の空気……全てがなつかしい想い出としてよみがえります。

そこにはいつも仏さまに手を合わせる人々の姿があり、確かな安心感に包まれていました。

こうした行事のときに、中心になって働いていたのはわたしの祖母です。ふだんからお寺のことをすべて取り仕切り、走り回っていました。とはいえ、もともと信仰心が篤《あつ》かったわけではありません。

売薬と農業を営む一般家庭に生まれた祖母は、家にお仏壇はあっても、座って手を合わせたことはほとんどなかったそうです。

しかし、戦争で夫を亡くしたことが、祖母の人生を変えました。

住職を失った嫁ぎ先のお寺で、必要に迫られて僧侶になり、無我夢中で目の前のお寺を守るうちに「仏さま」や「お浄土」の存在に支えられるようになったのだろうと思います。

祖母はわたしが子どもの頃、終戦から三十年余り経っていたにもかかわらず、しばしば過去を振り返っては、ぽろぽろと涙を流していました。


戦争中の貧しさ、ひもじさ。

戦地に赴《おもむ》く夫を見送ったつらさ。

夫《おっと》戦死の報を聞いた時の絶望。

その後、一家の大黒柱にならざるを得なかった苦労。


それをくりかえしくりかえし、語っては泣くのです。

幼いわたしにとって、大好きなおばあちゃんの涙を見るのはつらく、戦争とは何て恐ろしいものなのだろうか、とおびえました。

ある日突然、家族が遠くへ連れて行かれ、二度と帰ってくることができなかったなんて。

今でもその話を聞いた時の、胸が詰まるような感覚をおぼえています。


それでも、最後に祖母はいつも決まってこうしめくくるのでした。

「おじいちゃんは、もう、如来さんとこへ行かはったから、大丈夫なんやで。

ずっと見守ってくれたはるんやで。」

――にょらいさんのところ

そこは「お浄土」という名のきらきら輝く世界で、つらいことや苦しいことが全くないんだよ、と祖母は言いました。

とても遠くにあるにもかかわらず、残して来た人を光の中からいつも見守ることができるのだ、と。

「おっとめ（お勤め。勤行のこと）しょうな。おじいちゃんも見たはるよ。」

夕暮れ時。

村のスピーカーから、外で遊ぶ子どもたちに、帰りをうながすチャイムが流れてきます。

いつもそれを合図に、わたしは祖母の待つ本堂へ向かいました。

西の空にしずむお日さまが雲を赤く染め、山々はゆっくりと紺色に変わっていきます。

夕焼けの向こうから誰かが呼びかけているような気がして、家路を急いだものです。

「にょらいさん」そのものは、正直なところ、何であるのかよくわかりませんでした。

目の前の仏像は、わたしの名前を呼んでくれたこともなく、頭をなでてくれるわけでもありません。

また、「おじょうど」には戦死したおじいちゃんがいて、一度も会ったことがないわたしをいつも見守っている……何のことやら、ちんぷんかんぷんです。

しかし、祖母が泣きながら手を合わせる先に、確かに「仏さま」は存在し、それは決して粗末にしてはならないものであることは、理解できました。

今になって振り返ると、祖母や、お寺にお参りする人のやさしい表情の中に、わたしは仏さまの存在を感じ取っていたように思います。

触れると心がほかほかとあたたかくなる、大いなるもの。

それがわたしを仏道へと導いてくれました。

わたしが出会った
仏の教え

1

南無阿弥陀仏

仏教は、今からおよそ二五〇〇年前に、現在のネパールにあるルンビニーの花園で誕生した、ゴータマ・シッダッタが説いた教えです。

もともとゴータマ・シッダッタは、インド北方の釈迦族の王子さまでした。お城で何不自由ない暮らしを送っていましたが、幼いころから物事を深く考え、思い悩む性格だった、と伝えられています。

あるときシッダッタはお城から外出した際に、東の門では老人を、南の門では病人を、西の門では死人を目にしました。いつか自分も年老いて、病気になり、やがては死んでしまうということに気づき、非常にショックを受け、これらの苦しみを解決する方法はないものかと考え込むようになります。

すると今度はお城の北の門で、真理を求めて旅をする修行者を見かけました。その気高い姿に、自身の進むべき道はここにあると感じ、出家されました。

この説話を「四門出遊《しもんしゅつゆう》」といいます。

その後ゴータマ・シッダッタはさまざまな修行のはてに瞑想に入って悟りを開き、「仏陀」となられました。

仏陀とは「Buddha」の音写で、「真実に目覚めた者」を意味します。

「釈迦」族の聖者（＝「牟尼《むに》」）で世にも尊い人（＝「世尊」）ということから「釈迦牟尼世尊」、一般的にわたしたちは親しみを込めて「お釈迦さま」と呼んでいます。

現在、わたしたちの身近にある「仏教」は、仏＝お釈迦さまの教えを受け継いでいます。ですから、「四門出遊」は、わたしには関係がない、遠い昔のおとぎ話というわけではないのです。

シッダッタがお城の門で目にしたように、わたしたちは誰もが皆、年老いて、病を得て、やがて死ぬことから逃れることができません。同時に、その苦しみから離れ、真実に目覚めるための教えを求める「四つ目の門」は、いつでもどこでも誰の前にも開かれていると言えます。そこから、それぞれの仏道が始まります。

わたしが立った門の先にあったのは、阿弥陀仏の救いと出会う道でした。

阿弥陀とは「Amita」の音写で、「量ることができない」様子を表しています。阿弥陀仏は、「Amitābha」＝「無量光」、「Amitāyus」＝「無量寿」という二つの語を併せた意味を持ち、光、すなわち限りない空間（＝無辺性）と、寿命、すなわち限りない時間（＝無限性）を示しています。

ちょっとややこしいですが、わたしたちの心や体、思いやはからいの範疇に収まるものではない、大いなる存在が阿弥陀仏であると理解することができるでしょう。

その「阿弥陀仏」に「南無」を付け加えたことばが、わたしが生まれて初めて出会った仏さまの教え「南無阿弥陀仏」でした。

南無は「namas」の音写で、礼をする身体の動作と、尊敬する・よりどころにする・たのむといった意味を持っています。

南無と阿弥陀仏を併せると「量りしれない光と命の真理をよりどころにし、おまかせします」ということになります。

ごくふつうの日常生活を送っているわたしたちは、かつてのお釈迦さまのように、何もかもを捨てて真実の道を求める修行の旅に出る、などということは、なかなかできません。

自分の思い通りにいかない出来事に遭遇するたびに、悩み、苦しみ、その根本的な解決方法を見いだせないまま生きています。

そのようなわたしたちを、そのまま救ってくださるのが、阿弥陀仏です。

そのまま救ってくださるとはいっても、「わたし」の頭で理解できる、都合の良い救いの道が用意されているのではありません。「わたし」を超える大いなる存在の中で、今、このいのちが生かされていることに、気づかされる教えであると言えるでしょう。

第二章

悪人と仏さま

泣かないで　泣かないで
夜更けの窓の外
まんまるのお月さま
やさしく微笑んだ

ぎゅっと抱きしめてあげるけど
ママはかみさまじゃないから
君がかなしいときには
いっしょに泣きたくなるんだ

おやすみ　おやすみ
君はひとりぼっちじゃないよ
おぼえていてね
いつか　おとなになっても

おやすみ　おやすみ
どんなことが起きても
ずっと　君の味方だから
だいじょうぶ

そばにいるよ

ぎゅっと抱きしめてあげるけど
誰もかみさまじゃないから
どんな苦しいことだって
最後は　ひとりで背負うんだ

おやすみ　おやすみ
みんな孤独を生きている
それでも　こうして
誰かを愛することができる

おやすみ　おやすみ
君はひとりぼっちじゃないよ
おぼえていてね
たとえ　遠く離れても
そばにいるよ

「おやすみ」　作詞｜やなせなな（『願い』より）

きわめて罪の重い悪人《わたし》

わたしは以前、病の治療のため、卵巣と子宮を全て摘出するという手術を受けました。不調を感じ始めたのは、三十歳を目前にした頃です。しっかり食事を取っているにもかかわらず、急に体重が落ち、時を同じくして、しばしば不正出血に見舞われるようになりました。

特に痛みを感じなかったため、半年余り放置していましたが、出血は増える一方で、服を着替えるわずかな間にも、床にぽたぽたと鮮血が落ちます。これは何かがおかしいと感じ、婦人科を受診しました。

詳しい検査の結果、医師から告げられた病名は、子宮体がん。

このまま放っておくと悪化する恐れがあり、命が危ないと宣告されました。助かるためには、一日も早く子宮と卵巣を切り取る必要があるとのこと。

わたしは若く、健康であることは当たり前だと思っていました。ところがある日、突然「死」が目の前に迫って来たのです。なかなか実感が湧きません。

一方で、得体のしれない恐怖がじわじわと心の中に広がり、指先が冷たくなるのを感じました。

まだ死にたくない――

打ち消そうとしても、こみ上げる想い。

生きるためには、手術を受けるしかありません。

しかしそれは同時に、妊娠・出産をするために欠かせない重要な機能を失うことを意味していました。未婚で、出産経験のないわたしには、なかなか受け入れられません。

何とか切らずに済む方法はないかと、必死で医師にたずねました。残念ながら選択の余地はないと言われるだけでした。


現実を受け止められないまま、間もなく手術を受けました。

幸いにもわたしのがんは発見が早く、主治医や看護師、家族はそのことを喜びました。

しかし、卵巣を失くした体が、それまでと同じ状態を保てるはずがありません。急激にホルモンバランスを崩したことによって現れる後遺症に、長い間苦しめられました。


さらには、子宮と卵巣を摘出したことによる喪失感から、なかなか立ち直ることができませんでした。

ちょうど三十歳前後といえば、友人の多くが結婚し、子どもを産み、これからまさに家庭を築いていこうとする時期です。結婚式への招待状が来たかと思えば、お正月になると、出産して間もない赤ちゃんの写真をプリントした年賀状が次々と届きます。

時には、わたしの闘病を知らない人から「早く結婚した方がいい」「子どもを産んでこそ女は一人前だ」などということばを、無遠慮に投げつけられることもありました。

相手に悪気がないことはわかりますが、無性に腹が立ちます。

結婚式の招待状は、相手が誰であっても欠席に◯をして返送し、年賀状は破って捨てました。

ハガキに印刷された友人家族の笑顔が、無残にもバラバラになると、今度はそんなことをしている自分の浅ましさに嫌気がさし、涙が止まらなくなることもしばしばでした。

何をやっているんだろう――

その頃、わたしはシンガーソングライターとしてデビューしてから二年目を迎えていましたが、全く売れていませんでした。歌の仕事はゼロです。

体調は悪く、女性として結婚・出産をするという夢も叶わず、音楽活動もまるでうまく行かない日々。こんなわたしの人生と比較すると、周囲の誰もが順風満帆に見えます。

ひとり行き場のない苛立ちを抱え、部屋に引きこもることが増えました。

次第に仏さまに手を合わせることも嫌になりました。

どんなに願っても、失った子宮と卵巣を取り戻すことはできず、どんなに祈っても、明日歌いに行く場所ひとつ見つけ出せない現実。


仏さまは人を救うものではなかったのか。

わたしを救ってくれない仏さまなんて、何もありがたくない。

大切そうに扱っている仏像も、ただの人形ではないか。

誰が仏教なんて信じるものか。

心から思いました。


そんなときです。

嫌だと思いながらも、休めない法要で勤行をしていたときに、あることばと出会いました。

極重悪人唯称仏《ごくじゅうあくにんゆいしょうぶつ》

これは、浄土真宗を開いたとされる親鸞聖人が記された偈文《げもん》『正信偈《しょうしんげ》』の一節です。まだ文字が読めない頃から口にしていた、なじみ深いひとことではありましたが、それまで自分には関係のないものだと思っていました。

ところが、この時は不思議と「極重悪人」に目が止まったのです。

極めて　罪の重い　悪人
これはわたしのことだ、と、はっとしました。

子宮体がんを患ってからというもの、たまたま病気になったに過ぎない自分の体の状態を受け入れられなかったわたしは、周囲に八つ当たりを繰り返していました。
友人たちを妬《ねた》む。体調が悪いことを言い訳にして歌への努力を怠《おこた》る。思い通りに行かない人生を嘆く。家族を怒鳴る。物を投げる。何時間も布団から起きずに泣き続ける。口をついて出るのは文句ばかり……。
外に向けた怒りの刃《やいば》は、他の誰でもない自分を追い詰め、傷つけ続けていることにも気づいていませんでした。こんな愚かなわたしが、悪人でなくてなんだというのでしょうか。

極重悪人唯称仏《ごくじゅうあくにんゆいしょうぶつ》
我亦在彼摂取中《がやくざいひせっしゅちゅう》
煩悩障眼雖不見《ぼんのうしょうげんすいふけん》
大悲無倦常照我《だいひむけんじょうしょうが》

きわめて罪の重い悪人は　ただ念仏すべきである
わたしもまた阿弥陀仏の光明の中に収め摂《と》られているけれども
煩悩がわたしの眼を遮《さえぎ》って　正しく見たてまつることはできない
しかしながら阿弥陀仏の大いなる慈悲の光明は　そのようなわたしを
見捨てることなく常に照らしてくださる

『顕浄教行証文類（現代語版）』（本願寺出版社、一五一ページ）

苦しんでいる　そこの人
そうそう　あんたや　あんた
ちょっとこっちへおいで　仏さまの名前を呼んでごらん

痛いなあ　つらいなあ
思い通りにならなくて苦しいなあ

腹が立つか　逃げたいか
もう何もかも嫌になったか

それでもこの声が聞こえるか

今ここで　生きているんやで
それだけなんや　だいじょうぶや

何に振り回されていたのだろうか、と、ふっと力が抜けました。

病気の体にでしょうか。歌が売れないことにでしょうか。

わたしの前には分厚くて高い壁があるような錯覚に陥《おちい》っていましたが、頭であれやこれやと考えるから、それは逃れられない重大なことのように思えてきます。

でも、壁なんて、本当に存在していたのでしょうか。


庭に生えている草は、なぜここで生きているのだろうか、と問いかけたりしません。こんなところにいる場合ではない、と、もがき、もじゃもじゃと動きだしたりはしないのです。たまたま生えたその場所で、日に照らされ、雨に打たれ、枯れるその日まで生きています。

わたしがその草と、どう違うというのでしょうか。


なぜ？　なぜ？　と問い詰めても、追いかけても、決して解けないその先があります。

大いなるものに包まれているいのち。

ちっぽけなわたしの意図など遥かに超えたものに、生かされている今があるだけです。


偈文を称《とな》えながら、わたしは泣いていました。

あほやった、ほんまにあほやった。

頷《うなず》くわたしを、誰かの大きな手がよしよし、とやさしくなでてくれたような気がしました。

わたしが出会った仏の教え

2

他力本願

インドでお釈迦さまが説かれた教えは、口伝によって弟子に受け継がれ、後の世にも正しく伝えられるようにと、経典が編集されました。その後、解釈の違いや、地域の風土や慣習などの影響などを受けながら、いくつもの教えに分かれ、インドから中国に、中国から朝鮮半島を経て、日本に伝来しました。

仏教が日本に伝わったのは、五三八年とされています。

推古天皇の摂政だった聖徳太子は、仏教に心を寄せ、深く帰依し、国づくりの基盤とされました。

その後も仏教はそれぞれの時代に国家の保護を受け、学問の研究のひとつとして、また、天災や飢饉、伝染病の大流行などの国難を乗り切るための祈禱といった役目を担って、政治に深くかかわりながら発展していきます。

鎌倉時代になると、国家や一部の貴族のためだけに信仰されていた仏教の中から、民衆に救いを説く僧侶が現れました。浄土宗を開いた法然、臨済宗を開いた栄西、浄土真宗を開いた親鸞、曹洞宗を開いた道元、日蓮宗を開いた日蓮、時宗を開いた一遍などです。それぞれの僧侶の教えは現在も「宗派」として残り、よりどころとする経典は異なります。また、お寺や仏壇の造り、作法や衣にいたるまで、細かく違っています。

その中で、わたしが生まれたお寺は親鸞聖人を開祖とする「浄土真宗（本願寺派）」でした。

親鸞聖人は一一七三年に京都で生まれ、九歳で出家し、天台宗の僧侶として二十年間、比叡山で学問と修行にはげまれました。しかし、厳しい修行を重ねても、自分の中にある煩悩を消して悟りを得ることはできず、ついには山を下りて法然聖人の元を訪ねます。

当時、法然聖人は「専修念仏」を説いておられました。地位や身分にかかわらず、出家の者も在家の者も、誰もが一心に専《もっぱ》ら念仏を称《とな》えると、阿弥陀仏の力によって救われる、というものです。

親鸞聖人は、煩悩から逃れることのできないわが身が進むべき道はここにあると確信されます。その後は数々の苦難に遭《あ》いながらも、九十歳で亡くなられるまで、念仏の教えの中を生き抜かれました。

「念仏の教え」とは、自分の力を頼りにし、自分を中心として周囲のあらゆるものを捉えようとする小さな心を離れ、自分では量り知ることのできない大きな存在（＝阿弥陀仏）が、必ず救うと呼びかけていることに気づいていく道です。

「救う」と聞くと、日常の悩みを解決してくれるとか、自分に都合の良い利益をもたらしてくれるとか、そういったイメージを抱きがちですが、そもそも仏教における「救い」は「迷いの世界から、真実に目覚めること」を意味します。

ところが、わたしたちは自分の心身を離れることができず、真実に目覚めることは困難です。そのわたしたちを摂《おさ》め取り、必ず仏の国（＝極楽浄土）に生まれさせる、という願いを建ててくださったのが、阿弥陀仏でした。

わたしたちは、自分の思い通りに行かないことに遭遇すると、どうにかしてそれを覆《くつがえ》そうとしたり、変えようとしたり、避けようとします。

その最もわかりやすい例は、「死」です。

限りあるいのちを生き、いつか必ず死ぬ、それは避けることができないのに、わたしたちは年を取りたくない、長生きしたい、できることなら死にたくない、と思わずにはいられません。

しかしどうしてもそれが不可能だと思い知らされるとき、目の前に、おまかせするしかない世界が広がります。どうにもならない、救われないいのちだからこそ、救ってくださる阿弥陀仏の存在が自分を包んでいることに、ようやく気づかされるのではないでしょうか。

一般的に「他力本願」という言葉は、誰かの助けや偶然を当てにして、自分では何の努力もしない怠惰な様子というニュアンスで使われることが少なくありませんが、親鸞聖人は、他＝「阿弥陀仏」の、本願＝「根本の願い」の、「力」であると説かれました。

その「他力本願」におまかせしている姿こそが念仏です。

わたしたちにわかる・わからないという世界を超えて、また、阿弥陀仏を信じている・いないにかかわらず、既に願いが届いているからこそ、そこに念仏の声が生まれます。意味はわからない、けれども大いなる安心に包まれている感覚それこそが、わたしが幼い頃から慣れ親しんだ、真宗の念仏であると言えるでしょう。

第三章

浄土の鳥

仏さまの国には
美しい鳥たちが住んでいます
白鵠《びゃくこう》　孔雀《くじゃく》　鸚鵡《おうむ》　舎利《しゃり》

迦陵頻伽《かりょうびんが》は
まだ卵の中にいるときから
唄うことが大好きでした

まあなんて
きれいな声だろう
みんな思わず
立ち止まります

こちらは
ひとつの体にふたつの顔
その名は　共命鳥《ぐみょうちょう》

むかし　むかし
雪山《せっせん》のふもとに
二つの頭を持つ
めずらしい鳥が住んでいました

ひとつの頭の名はカルダ
もうひとつの頭の名はウパカルダ

ふたりはいつも　けんかばかり

あっちへ飛んでいきたいな
なにを言うか　こっちだよ

ある日
ウパカルダが眠っているあいだに
カルダは　とてもおいしい木の実を食べました

ああ　うまいうまい

目を覚ましたウパカルダは
腹が立ってたまりません

なんで起こしてくれなかったんだ
自分ばかりうまいものを食べてずるいぞ
ちくしょう

カルダがいると
なにかと邪魔だな

あいつさえいなければ
どこへでも
飛んで行くことができるし
うまいものも　ひとりじめする
ことができるのに
あいつさえ　いなければ

ある日ウパカルダは
カルダにきれいな花を食べるよう　すすめました
この花には　とってもおいしい蜜があるんだよ

そうなんだね　ありがとう
おや　君は食べないのかい
ああ　カルダが先に食べればいいよ
僕はあとで　ゆっくりいただくから

口にしたカルダは
まもなく　苦しみ始めました

ははは　これで自由になれるぞ

喜んだのもつかのま
今度はウパカルダにも
毒が回ってきたのです

苦しみの中でウパカルダは気づきました。
僕らの体は　ひとつに
つながっていたのに――

ごめんなさい
ごめんなさい

ウパカルダの両方の目から
ぽろぽろと涙がこぼれ落ちます

しばらくすると
共命鳥は動かなくなりました

愚かないのちの有り様に
仏さまはたいそう悲しまれたことでしょう

その後　長い長い歳月が流れ
かつて雪山のふもとにいた
二つの頭を持つ鳥は
今は仏さまのもとで暮らしています

ひとつのいのちを分け合って
互いのことを思いやりながら

共命鳥は
仏さまの空を　飛んでいます

おばちゃんカラビンカ

月に一度、あるお寺でコーラスのレッスンをさせていただいています。知り合いのご住職が、お寺と縁が薄い人も気軽にお参りに来るきっかけになって欲しいという思いで立ち上げた合唱団です。名前は「カラビンカ」。仏さまの世界に暮らす、とても歌が上手な伝説の鳥から名づけられました。

メンバーはおよそ十五名、平均年齢は六十歳くらいでしょうか。
音楽は好きだけど人前で歌うなんてとんでもない、と思っているような、恥ずかしがり屋のおばちゃん・おばあちゃんが、住職さんに誘われて集まって来ました。
大半は初心者なので音程は不安定、なかなか曲も覚えられず、声も簡単には出ません。お世辞にもうまいとは言えない状態でスタートしました。

とはいえ、技術を上達させてあげたいと思っても、相手はコンクールの全国優勝を目指している学生ではありませんので、ビシビシと厳しく長時間練習させるわけにはいきません。メンバーの中には、立って歌うのもしんどい、というような高齢の方もいらっしゃるのですから。

そこで当初目標にしたのは、うまく歌おうと思わないこと、でした。まず肩の力を抜いて、恥ずかしがらずに楽しむこと。

次に、言葉を噛みしめて歌い、聴き手にしっかり伝えられるよう心がけることにしました。たとえば「喜び」という歌詞が出てきたら、これまでの人生でうれしかったことをたくさん思い出して歌ってくださいね、と指導するわけです。効果はてきめんで、豊かな人生経験がことばにいのちを吹き込むことに成功しました。

技術的なことは何も教えていないのに、皆さんの歌声が少しずつ変わっていったのです。

そんな日ごろの練習の成果を披露するため、ある時、近所の障がい者施設でコンサートをさせていただくことになりました。メンバーみんなでおそろいのTシャツを着て、ドキドキわくわくの発表会です。

ところが、重度の障がいを持った入所者の方々も少なくないため、大きな声を上げたり、立ち歩いたりして、なかなか始められません。

おばちゃんたち、その状況に怯《ひる》むどころか俄然《がぜん》やる気を出したようでした。想いを歌で伝えたい、いっしょに楽しく過ごしたい、そんな気持ちが強くなったのでしょう。気づけば、いつもより大きな声で歌うことができていました。

するとまるで魔法にかかったように、入所者の方々は静かに耳を澄まし始め、次第に笑顔になっていきました。

そしてコンサートのクライマックス、子どもの誕生を喜ぶ母の心を描いた歌を歌った時のことです。ひとりまたひとりと、カラビンカのメンバーが泣き出しました。家族と離れて暮らさざるを得ない目の前の障がい者の方々に、我が子の姿が重なったのかもしれません。客席はとても静かになり、その場にいる人の心と心が重なり合っていくような、不思議な感覚になりました。

歌い終わると、客席からは割れんばかりの大拍手。わたしも胸がいっぱいになりました。

音楽には技術の習得が必要ですし、それを磨くことはとても大切です。しかし、ただうまいだけでは、人の心に触れることはできないと思います。

誰かのことを思いながら奏でる音がいかに素晴らしいか、そして、音楽にとって本当に大切なものは何であるのかを、ぬくもりに包まれた会場でカラビンカと共に学んだ一日でした。

仏教メモ 1 イメージで味わう仏法

浄土（仏の悟りによって開かれた浄らかな国土）には、六種類の鳥が飛んでいる、と『仏説阿弥陀経』に書かれています。

姿が美しい白《びゃく》鵠《こう》と孔《く》雀《じゃく》、人の言葉で法を語る鸚《おう》鵡《む》と舎《しゃ》利《り》、美しい声と音楽を奏でる迦《か》陵《りょう》頻《びん》伽《が》、そして、今回絵本で描いた、仏の心を表す共命《ぐみょう》之《し》鳥《ちょう》。これらは浄土真宗のお寺では、欄《らん》間《ま》の彫刻などになっていることも多い、なじみ深い鳥たちです。

わたしが暮らすお寺の本堂にも、この鳥たちの絵が壁に描かれています。そのため、どのような存在であるのかを詳しく言葉で知る前から、仏さまの国にはきれいな鳥がいるんだなあ、というイメージが、幼いわたしの中に刻まれました。

わたしはお寺が好きです。

教えを聞いて学ぶことが好き、というわけではなく（もちろんそれも重要ですが……）、単純に何も考えずに伽藍《がらん》を見て、仏像を眺め、それを取り囲む欄間やふすま絵を鑑賞するのが楽しいのです。その際に、これはいつの時代に、誰それが作ったもので、何風のもので、こんな意味があって……という理屈や背景を知ることに対しては、あまり関心がありません。

ただ、見るのが楽しい、それだけです。

お寺に暮らして四十年以上経った今でも、つい本堂に描かれた浄土の鳥たちに見惚れてしまいます。

また、そのような美しい堂内に、しずしずと僧侶の方々が出てこられて、きちっとした衣《ころも》姿《すがた》で、美しい動きを示し、朗々と響く声で読経するのを聞くと、うっとりします。何かの舞台を見ているような感覚に近いかもしれません。

わたし自身も、僧侶として門徒《もんと》（檀家）さんの前でお参りするときには、できる限り姿や所作が美しく見えるように心がけています。


お経には深い意味があり、真理を伝えてくださる法ですから、内容を学ぶことはもちろん重要なのですが、たとえそれが全く理解できなくても、法要の場にいるだけで厳粛な気持ちになります。

そのときの言葉にならない感覚――ああ美しいなあ、心地良いなあ、と感じる、一種の安らぎのようなもの――は、仏教と出会う上でとても大切だと思います。

わたしたちは何でも自分の頭で考え、「こたえ」を導き出そうとします。

しかし、真理はわたしたちの理解の範囲や、思いやはからいを超えた世界です。何の意味があるのかを問い、そのこたえが自分にとってプラスであることに納得ができて、初めて頷《うなず》くことができる事象、というような種類のものとは、少し違うのではないか、と思うのです。

お寺の荘厳と、本堂で営まれる法要や儀式は、教えをはっきりと体感できる形で表しているという側面があります。

現在の浄土真宗のお寺で行われる法要では、阿弥陀さまの救いの尊さを表現するために、建築、絵画、彫刻、織物、金属工芸、生け花、香道、そして雅楽や声明《しょうみょう》などの音楽といった、日本の伝統文化の粋《すい》を集めたものになっています。あらゆる美を集結させて、「救い」のイメージを作っているのです。

また最近では、堂内でプロジェクションマッピングを行ったり、現代的な照明を駆使した中で、テクノやレゲエなどの新しい音楽と読経を融合させた法要を行うという試みも始まっています。

それらは、見聞きする人の心に、理屈を超えた、言葉にならない感覚を呼び起こす役割を担っているのではないでしょうか。

これは「わたし」にとって何の意味があるのだ、どんな利益になるのだ、などと考える前に、とにかくまず仏さまの教えのイメージを味わう。

難しいことは何にもわからないけれど、なんかわあっ〜てなる……そんなお参りもおすすめですよ。

第四章

まけないタオル

恩送り

二〇一一年三月十一日、大きな地震が起きました。

被害を受けたのは、東日本全体の広い範囲です。

中でも東北の太平洋側は、大きな揺れと津波によって、沿岸部の町を中心に壊滅的な状況となり、多くの尊い命が失われました。


地震発生当時、わたしは関西でそのニュースを知りました。

画面に映しだされる光景は、にわかには信じられないものばかりです。

デビュー当時から、コンサートのために何度も訪れていた宮城県、福島県。

お世話になったライブカフェのマスターやママ、コンサートを開いてくれたお寺の和尚さんやご家族、CDショップの店主や音響エンジニアさん、いつも笑顔で応援してくれていたお客さんたち……たくさんの顔が頭の中に浮かんできます。

どうかどうか、みんな無事でありますように。

なすすべもなく、ただテレビの前で手を合わせることしかできませんでした。

その後、現地を知るための情報源として見ていたひとつのブログに、ある投稿を見つけました。

二〇一一年四月三日
「まけないタオル」を作ってくれる人はいないでしょうか。
いつも思いつきです。でもこの思いつきいいと思うのですが。
それはどういうタオルかというと、普通のタオルより少し短めのタオルです。
普通のタオルの長さが八〇㎝ぐらいですから、このタオルは五〇㎝ぐらい。
この長さでは、首にも頭にも巻けません。
だから「まけないタオル」。
デザインは、青い空に白い雲が浮かぶように「まけないぞ！」の文字。…（中略）…
被災地の全ての人に配りたい。誰か関係者がいたら繋いでください。

ブログ「なあむ〜やどかり和尚の考えたこと」より

この文章を書いたのは、山形県松林寺《しょうりんじ》の住職・三部義道《さんべぎどう》さん。共通の知人に紹介され、お寺でのコンサート依頼を受けたことがきっかけで知り合った和尚さんです。
曹洞宗のボランティア団体で副会長を務めていた三部さんは、地震が発生した数日後から、自家用車に支援物資を積み込んで沿岸部に入り、現地を視察して、今後どういった援助が必要なのかを検討されていました。

その中で、被災して打ちひしがれる人々に、ほんの少しでも笑顔を取り戻してもらえないだろうか、と考えるようになり、あるとき「巻けない＝負けない」という駄洒落を形にした応援のタオルを思いついたのだそうです。


偶然にも、わたしの母方の親戚が、大阪でタオル製造業を営んでいました。特殊な寸法のタオルでも、頼めばきっと作ってくれるに違いありません。

被災地のために何かできることはないかと探していたわたしは、この話に飛びつくように三部さんに協力を申し出ました。

かくして「被災地支援・まけない！タオルプロジェクト」がスタートしたのです。


まずはタオルを製造するための資金を集めるため、三部さんがチラシを作り、思いつく限りの知り合いにどんどん声をかけました。

有り難いことに、皆さん快く協力してくださったので、集まったお金でタオルを作っては、現地に届けることになりました。


初めて被災地を訪れた時の衝撃は、忘れることができません。

海まで続いていたのは、まるで荒野でした。ここがつい数週間前まで町だったなんて、簡単には想像ができないほどの惨状です。

まだ海水が引いていない土の上には、膨大な量のがれきが無造作に積み上げられ、周囲には壊れた家や自動車、船などが放置されたままになっています。

ことばも出ないまま、時折車を停めては、三部さんと共に合掌しました。

その後、お寺の避難所などをいくつか訪ね、タオルを配りながら歌を唄いました。

みんな苦しい状況にあるはずなのに、笑顔で迎えてくださり、時には炊き出しの料理を勧められることもありました。もったいなくてうれしくて、胸がじーんと熱くなったことをおぼえています。

タオルは、被害を受けた地域で無料配布するだけでなく、募金に協力してくださった方々にも、お礼として一枚渡していました。そのため、たくさん作ったつもりでも、すぐになくなってしまいます。次々と増産しなくてはならず、製造費はチャリティーコンサートで必死に集めました。

この活動を広げるためにも、テーマソングを作ることになりました。

ご自身も被災した宮城県山元町・徳本寺住職の早坂文明《はやさかぶんめい》さんが書いた詩に、わたしが曲をつけた復興支援歌「まけないタオル」です。

行進曲のように元気よく、誰もが唄いやすいメロディーを心がけて作ったところ、大人から子どもまで幅広い年齢の方々が、手拍子をしながら唄ってくれました。

この頃は、どこに行くのも大量のタオルといっしょでした。トランクいっぱいに詰め込んで、北海道から沖縄まで、募金を呼び掛けて唄う毎日。自宅にはほとんど帰りませんでした。

わたしはそれまで、ボランティア活動に参加したことは一度もありません。それどころか、街頭募金への協力すらためらって素通りしていたのです。自分のことで精一杯なのに、誰かのために動くなんてできない、と思っていました。しかし、東日本大震災のときは、そんな考えが頭に浮かぶ余裕すらなかったと言えます。

そもそも奈良県出身のわたしが、宮城県や福島県に歌を唄いにいくようになったのは、全くの偶然です。たまたま耳にした人がファンになってくださり、その輪が口コミで広がったことで、コンサート依頼が舞い込み、年に何度か訪ねるようになりました。

わたしは知名度が低い歌手です。ヒット曲があるわけではなく、テレビの音楽番組にも出ていません。当然のことながら、誰も知らない歌を聞きたいと思う人は少なく、まずは知ってもらうための地道な活動を、長期間に渡って続けなくてはなりません。これがとても大変で、最初の一フレーズすら聞いてもらえないまま素通りされることがほとんどです。

冷たい対応に落ち込んで、何度も音楽をやめようかと悩みました。


そんなときに、わたしが無名であることなど関係なく、きちんと耳を傾けてくれた数少ない人たちが、たまたま宮城県と福島県を始めとする東北地方にいました。そして、自分が聞いて良いと思ったから、という、本当にシンプルな理由だけで応援してくれたのです。

音楽が大好きなのに、もうやめなくてはならないと思い詰めていたわたしにとって、それがどれほどの支えになったことでしょう。


震災後、被災地に向かったのは、今度はわたしがその恩を返す番だと思ったからです。

わたしにボランティアなんてできるのか、何か役に立てることがあるのかどうか、と頭で考えるより先に、とにかく会いたかった。飛んで行きたかった。


こうした想いを抱いたのは、わたしだけではありません。

関西の僧侶仲間や、わたしの近所に住む人たちも、仕事を休み、自分のお金を使って、それぞれが支援活動に取り組んでいました。

あるとき、神戸のお寺の掲示板に「恩送り」ということばが書かれているのを見かけました。

阪神淡路大震災のときに受けた恩を、次は東日本大震災の被災地に送りましょう、という意味で、わたしは深く共感し、胸を打たれました。

もちろん、支援に行って常に歓迎されるわけではありません。実際に被害を受けたわけではないのに、被災者の気持ちがわかるはずがない、と怒鳴られたこともありました。

そんなことが続くと、さすがに落ち込みましたが、現地の僧侶にある言葉を教えられたのです。

それは、「代受苦《だいじゅく》」。

仏や菩薩が、衆生《しゅじょう》の苦しみを代わって受けてくださる様《さま》を表しているそうです。

わたしたちにはなかなかできませんが、仏に近づきたいと願い、修行のひとつと受け止めて実践しているのだと聞きました。

実際にできるか、できないかということではなく、そのような思いを抱いていることの尊さに胸が熱くなったことをおぼえています。

つらいとき、人はひとりではどうすることもできません。

誰にも代わってもらえない、それぞれの人生の中で、病気や災害など、思いもよらない出来事に遭遇し、悩み、迷い、もがき苦しみます。その意味では、誰もがみんな孤独です。

だからこそ、支え合う。

苦しみは、やさしさの種として育てることができる可能性を持っていると、わたしは思います。


丈の短いまけないタオル。

使い勝手が良いとは言えない代物であるにもかかわらず、各地で好評でした。

きっと、タオルの糸一本一本にいたるまで、募金してくださった誰かの思いがこもっていたからでしょう。気づけば製造されたタオルの数は、八万五千枚に達していました。

震災から七年が経った今でも、「あのタオルに助けられました」というメッセージをいただくことがあります。それは、今のわたしの音楽活動にとって大きな励みになっています。

わたしたちひとりひとりは小さく、弱い存在です。

けれどもその力が集まったとき、誰かを支え、困難を乗り越える一助になれるかもしれないことを、まけないタオルが教えてくれました。

仏教メモ ②

「自利利他」を考える

大乗仏教では、「自利利他円満」ということが説かれます。
自利は、自らを利するという意味で、修行によって自らの悟りを得ること。
利他は、他を利するという意味で、衆生《しゅじょう》を悟らしめること、または救済すること。
大乗では菩薩の道として、自利と利他を完成させる自利利他円満を理想とします。

わたしが幼い頃から親しんできた浄土真宗の教えでは、「自力」とは「悟りを得るために頼りにする、自らの力」を、それに対して「他力」は、「阿弥陀仏の本願力《ほんがんりき》」のことを指します。自分の力で悟りを得ることはできないと受け止め、阿弥陀仏の本願力のはたらきに出会うよりほかに、救われる道はない、といただくのです。

先に挙げた「自利利他円満」も、自らの力を頼りにする愚かな心を振り棄てて、阿弥陀仏の本願力におまかせするしかないことに気づいていく様子を表しています。

ところが、被災地支援活動の中で出会った他宗の僧侶の方々は、この自利利他を違った角度から捉えているようでした。日常生活の中においても、自分自身が仏に近づくために努力を怠《おこた》らず、さらには周囲の人々を支え、救うことにも力を注ぐことが大切である、という考えの、よりどころにしていたのです。

仏になることは難しいのだという前提に立った上で、仏の真似をし、近づきたいと願って行動（＝修行）をするという考え方は、それまでわたしが触れたことのないものだったので、非常に衝撃を受けました。同時に、震災のような大きな苦難を前にした際に、他人のために力を尽くそうと奮闘される方々の思いを、仏法が支えているこの尊さに、思わず手を合わせたくなる場面が何度もありました。

ただ、ここで浄土真宗の立場からよくよく理解しておかなくてはならないのは、所詮これは仏さまの「真似」であるということです。この行動を積み重ねたからと言って、わたしが他人よりも一段上に立って、周囲よりも偉い存在になれる、などということではありません。それとは全く別の次元の話です。

わたしは「わたし」を手放すことができません。

あらゆるものを、自分をスタート地点として受け取っています。その状態でどれほど善行を積んでも、まず「善」と判断して動く自分があり、「わたしの行い」を離れることは不可能です。

つまり、努力しても努力しても、わたしはわたし。「救われない」のです。そんなわたしが、誰かを救えるはずもありません。

わたしたちは、自分の力で悟りは開けない、愚かで弱い存在です。そこは徹底して押さえておかなければならないポイントです。

ならば、何もできないのか、といえば、それは違うと思います。仏の救いほどの大きさはなくても、それをわたしたちの身近な話に置き換えて考え、「型をなぞること」、これが本当に大切だと感じたのです。

「仏が衆生を苦しみから救う」

本来持つ意味とはかけ離れているかもしれませんが、自分も仏に憧れて、そのイメージに沿って行動してみることで、人は目の前の困難を、ひとりの人間として乗り切ることができる場合もあります。

それは、本堂の美しい伝統工芸や、声明《しょうみょう》の響きの美しさに感銘を受ける時と同じく、ことばにならない悟りの世界に、ほんの少し触れることになるのではないでしょうか。

第五章

音の風

まけないぞ　まけないぞ　首にも頭にも
まけないタオル　半端じゃないぞ

泥にまみれて　明日が見えなくなっても
まけないタオルが　拭《ぬぐ》ってくれる
ほら　笑顔と一緒に明日が来るのさ

まけないぞ　まけないぞ　夕陽にまけない
紅い血潮が　流れている限り

涙で曇り
あなたが見えなくなっても
まけないタオルが
拭ってくれる
ほら　想い出探し
あなたを忘れない

まけないぞ
まけないぞ
風にもまけない
愛の息吹が
漲《みなぎ》っている限り

まけないぞ
まけないぞ
首にも頭にも
まけないタオル
半端じゃないぞ

うつむかないで
みんなで希望の雲つかむ
まけないタオルを
空に投げ上げて
ほら　拍手が響く新しい舞台に

まけない
まけない
まけない
まけない
まけない

まけないぞ
まけないぞ
大樹にまけない
根っこのこころ
揺るぎはしないから

まけないぞ
まけないぞ
首にも頭にも
まけないタオル
半端じゃないぞ

まけないぞ　まけないぞ
まけないぞ　まけないぞ

東日本大震災復興支援歌「まけないタオル」　作詞｜早坂文明《はやさかぶんめい》　作曲｜やなせなな　JASRAC 出 1814793-801

弦さん風になる

「まけないタオルの歌を唄いたいって言っている人がいるんだけど」

連絡を受けたのは、震災支援活動に取り組み始めた、二〇一一年六月のことです。

まけないタオル発案者の三部義道《さんべぎどう》さんが住む、山形県最上町の男性がこの歌を大変気に入り、地域の子どもたちにぜひ唄ってもらいたいと言っているというのです。とてもうれしくて、どうぞどうぞ、どんどん唄ってやってください、とお返事をしました。

ところが、実際にみんなで練習するとなると、合唱向けの楽譜や、ピアノ伴奏の譜面が必要になります。さらに、わたしが普段演奏している状態では音程も低いため、キーを上げるといったアレンジも加えなくてはなりませんでした。

このような申し出は初めてのことで、何の用意もありません。

そこで、きちんと合唱曲としてまとめ、指導してくださる人に頼もうということになりました。白羽の矢が立ったのは、月に何度か最上町にコーラス指導にこられている、池田弦《げん》さんという声楽家でした。

弦さんは一九六八年生まれ。日本では数少ないカウンターテナー歌手（女声にも匹敵する高音を唄う男性声楽家のこと）です。

国立音楽大学声楽科を卒業後、海外で研鑽を積まれ、一九九二年から日本でクラシックの歌い手としての本格的な活動をスタートされました。

古典から現代曲まで幅広いレパートリーを持ち、数多くの交響楽団と共演。オペラやコンサートなどたくさんの公演に出演されるかたわら、舞台のプロデュースを手掛け、プロを目指す若者たちや、多くの合唱団の指導に当たっておられるとのこと。

経歴を聞いたときは、断られるのではないかとビクビクしましたが、多忙な中でも快く引き受けてくださいました。

その後、初めてお会いした弦さんは、わたしが勝手に抱いていた「古典音楽家」のお堅いイメージとは異なり、TシャツにGパンというラフなスタイルで現れました。初対面でも気さくに話をされる、明るくて人なつっこい性格です。

子どもが大好きだそうで、愛情を持って全力で指導される熱血先生。みんなの人気者でした。

弦さんは、「出前コンサート」という取り組みもされていました。少人数のミュージシャンと共に、病院や福祉施設を訪ねて演奏するというものです。

クラシック音楽と聞くと、わたしのように馴染みのない者からすれば、どうしても敷居が高く感じられますが、それを取り払うことが弦さんの願いでした。誰もが気軽に楽しめるコンサートを、と、いつも心がけていたのだそうです。

そのステージはユーモアにあふれ、お客さんを巻き込みながら、おなじみの流行歌から、こちらが思わず惹《ひ》きこまれる外国の古典までを、表情豊かに唄われていました。

音楽に対して尽きることのない情熱と愛。

わたしは弦さんの歌に向かう姿勢に感動しました。

最上町の男性から申し出があってから数ヶ月後、弦さんの知人の奥田祐さんが編曲した、コーラス版「まけないタオル」が完成。それから間もなく、町内すべての小学校でこの歌の指導が始まりました。自分が作った曲が学校の教材になるなんて、夢のようです。

さらに、校内放送で毎日のように流れ、子どもたちの誰もが唄えるようになると、今度はそれが大人にも広がりました。「まけないタオル」を唄う老若男女の混声合唱団ができたのです。

メンバーの中には、沿岸の被災地から、山形へ避難されてきた方々もいました。

「この歌と出会って、どれほど勇気をもらったか……ありがとうございました」

そう言ってわたしに握手を求めてきたひとりの若いお母さんは、その手にぐっと力を込めて、その後は無言で、大粒の涙を流していました。歌が誰かの力になり、人生を支えているのかもしれない、と感じ、わたしも胸が熱くなったことをおぼえています。

被災して避難された方々も、受け入れ先になった地域の方々も、みんなが心をひとつにして唄う、その姿は、聞く人の感動を呼び、いつしか弦さんは、被災地支援を目的としたコンサートの開催に奔走するようになりました。

地震で家族や親しい人を失った遺族を、音楽の力で少しでも元気づけたいという願いで、名付けられたグループ名は「音の風」。

どこへでも、誰の心の中にも、自由に飛んでいけることをイメージされたのでしょうか。あるコンサート会場で配布されたパンフレットには、こんなことばが記されていました。

本日は〝音の風〟コンサートにご来場いただき、ありがとうございます。

3・11大地震の後、私達は自分たちに何ができるのか考えました。「音楽は無力なのか」「歌はどんな力を秘めているのか」「子供達に何を見せ、何を聴かせなければならないのか」。

この夏、子供達と向かった各地で、被災された方々、私たちを迎え入れてくださった地域の皆さんとの数多い出会いがありました。そして、皆さんと共に歌った時間の中から、『音楽で人は通じ合える』という確かなものを感じることができました。

あの時、私達が「東北で歌い吹かせた風」、そして今日、またここに仲間が集い「新しく吹く風」。一人でも多くの方に、この〝音の風〟を届けたい、そして共に〝音の風〟になりたい、と強く願い、この活動を支えてくださっている全ての方々に感謝しながら、私達はこれからもこの活動を続けたいと思います。

音の風　代表　池田弦

しかし残念ながら、その願いは叶いませんでした。

弦さんは、二〇一六年七月に虚血性心疾患のため、四十八歳という若さで突然亡くなられたのです。

他人の悲しみを見過ごすことができずに、いっしょに泣いて、唄って、最後はいつも笑っていた、明るい弦さん。唄いたい歌も、やりたいことも、まだまだたくさんあったはずです。

お別れの会には、早すぎる死を悼《いた》み、多くの人が詰めかけました。


その後、残された人たちは、弦さんの遺志を引き継ぐことを決意されました。

「音の風コンサート」が、毎年夏に最上町で開かれることになったのです。

人ひとりの命には限りがあり、いつか訪れる別れを避けることはできません。

しかし、歌声の中で、弦さんの思いは確かに生き続けているのです。
誰かを、わたしを、元気づけてくれる音の風は、今日もやさしく吹いています。

仏教の根っこ

①

三法印

仏教の根っことなる三つの特徴を「三法印《さんぼういん》」といいます。

「諸行無常《しょぎょうむじょう》」……あらゆる現象は変化してやまない
「諸法無我《しょほうむが》」……いかなる存在も不変の本質を持たない
「涅槃寂静《ねはんじゃくじょう》」……迷いを脱した悟りの境地は、静かで安らかである

すべてのものは、常にその姿を変え続けています。一瞬たりとも同じ姿を保つことがありません（＝諸行無常）。

それはわたしたちにもあてはまることで、永遠に変わることのない固定された「わたし」という存在はないのです（＝諸法無我）。

ところが、わたしたちは自分だけは変わらない、絶対的なもののように錯覚し、自分を中心にして物事をとらえています。都合の善し悪しで、自身を取り巻くすべてを判断するので、自分の思いどおりにならないと苦しみが生じます。

わたしたちの心身を煩《わずら》わせ、悩ませる心のはたらきを「煩悩」といい、それは「貪欲《とんよく》」「瞋《しん》

恚《に》」「愚痴《ぐち》」という三種類で、毒にたとえられます。

貪欲……自分に都合の良いものを、必要以上に求める心
瞋恚……自分に都合の悪いものを、憎み、怒る心
愚痴……真実が見えていない、愚かな心

これら苦を生み出す煩悩の炎がすべて吹き消された悟りの世界を、涅槃といいます。それはとても安らかで（＝涅槃寂静）、仏道が目指すものは、まさにこの悟りの境地です。

知識としてこのことを学んだところで、即人生の役に立つ、というわけではありません。仏法は、わたしたちが日常生活で抱く悩みに対して、直接の解決方法を教えてくれたり、魔法のように苦しみを消し去ってくれるような〝便利なツール〟ではないのです。ただ、ありのままの真実を、そのまま示しています。

まずはそれを「知る」ことが大切です。真実に触れることによって、目の前の毎日が少し違って見えるようになるかもしれません。

第六章　タロー

訪ねるひとは　ずいぶん減ったな
メニューは　ひとつ
あとはやめたんだよ
あの頃は　まだ　コンビニもなくてさ
ここで　悪ガキが　見果てぬ夢　語ってた

説教なんて　できるがらでもないし
ときどき　ただ　頷《うなず》くくらいで
気のきいた　冗談ひとつ　言えなくて
隣りで　俺も　同じ夢　見てた

忘れもん　預かったまんま
時は流れ流れて　町も人も変わるさ
孫が描いた　じいちゃんの似顔絵
俺も　ずいぶん　歳をとったもんだなあ

あいつら　今ごろ
どこで　どうしてる？

おやじ　オムライスくれよ　って　ある日
もう出してないよ　何度も言ってるのにさ
頼むよ　どうしてもって
スーツ姿の中年男　やけにしつこくて

も一度だけ　食わせてくれよ
あんなうまいもん
ほかに見つからないんだよ

しょうがない　特別だ
とっておき　あの日の看板メニュー
目をつぶっても作れるさ

忘れもん　預かったまんま
時は流れ流れて　町も人も変わるさ
ひとくち食べて　いきなり泣いた
あんたも　いろいろあったんだろうな

説教なんて　できるがらでもないし
相変わらず　頷くくらいで
気のきいた　励ましひとつ　言えやしない
咳払《せきばら》い　ごまかして　涙は　のみこんだ

「タロー」　作詞｜やなせなな（『夜が明けるよ』より）

たったひとつの味

つい先日、行きつけの喫茶店が閉店しました。ビル全体の老朽化が理由のようです。近鉄西大寺駅北口から歩いて九六五歩で着く――ウソかホントかはわかりませんが、そのお店は「クロコ」という名前でした。かつて高校生だったわたしが、初めてひとりで入った思い出のある喫茶店です。

さっぱりとしてクセがないクロコのアメリカンコーヒーが、わたしのお気に入りでした。そして必ずいっしょに注文するのは、名物の卵サンドです。厚めの卵焼きと、薄く切ったきゅうり、しゃきしゃきのレタスが、耳を切り落とした食パンに挟まっています。この卵の焼き加減は柔らか過ぎず硬過ぎず、塩味も甘味も絶妙のバランスで、野菜に絡んだマヨネーズとの相性もばっちり。

パンはすべて一口サイズに切り分けられているので食べやすく、いつも残さずぺろりと平らげてしまうのでした。

クロコはわたしが知る限り、いつもお客さんで賑わっているお店でした。

親に連れられて初めて行ったのは三十年以上前ですが、その当時から閉店するまでの間、人気はまったく衰えていなかったと思います。

さらに変わらなかったのは内装です。

白く塗られた壁。濃い茶色の木目のテーブルと椅子。同じく茶色の太い柱。清潔なカウンター。よく磨かれた鏡と、その前に置かれた観葉植物。余計なものは置いていないシンプルな店内は、流行には一切左右されず、その味と共に長年愛されていました。

そこにあるのが当たり前で、町の風景の一部だったクロコ。

まさか閉店するなんて、信じられませんでした。

たとえそれが〝天寿〟を全うした末の店じまいだったとしても、その味は他に二つとないものです。何らかの形で続けてもらう方法はなかったのかなあと、今でも惜しむ気持ちが湧いてきます。

クロコだけではありません。

改めて駅近辺を見渡すと、たくさんのお店が姿を消したことに気づかされます。

大好きだったお好み焼き屋、ハウスマヌカンがいた洋服店、母が通ったダンス教室、学生の頃に行った美容室、いつも笑顔のおっちゃんおばちゃんが営《いとな》んでいた八百屋……今はすべてなくなってしまいました。

かくいうわたしも、いつの間にか四十歳を超えた中年になりました。同世代の友人たちにクロコの話をすると、それぞれが思い入れのあるお店のことを重ね合わせて共感してくれます。

何もかも移りゆくのが世の習いと言っても、思い出の風景が失われていくのは、さみしいものです。


そんな話をしていたら、老舗《しにせ》のラーメン屋さんに行こうと友人に誘われました。おじいさんがひとりで営業しているようで、失礼ながらもういつ閉店してもおかしくないような状況とのこと。今のうちに食べに行きたいと言うのです。

かつては長蛇の列ができる人気店で、中でも有名だったのは、ラーメンではなくご飯。他では食べられない独特のあんがかかった丼で、友人も学生時代によく食べたそうです。

とにかくおいしいと聞き、期待に胸をふくらませながら行ってみると、お客さんは誰もいません。年季の入ったカウンターテーブルに、少し傾いた丸椅子が並ぶ静かな店内には、ラジオだけが騒々しく流れていました。

無愛想なおじいさんに迎えられ、壁を見るとメニューは一つ。そのほかに、「おじいちゃん」と書かれた子どもの絵が貼られていました。店主の孫が描いた似顔絵でしょうか。


「おじさん、丼はもうやってないの？」

友人がたずねると、それまで無表情だった店主の顔が変わりました。もうやってないよ、と答えながら、にっこりしたのです。

「あの丼知ってるってことは……あんた、今四十歳くらいだろう？」

「……えっ、ああ、まあ、それくらいです」

「あれを出していた頃は、学生さんがいっぱい来て、みんな丼よく食ってたよ。コンビニもないから、丼一杯で長居してたなあ」

友人が二十年前の丼をおぼえていたことが、よほどうれしかったのでしょう。少し饒舌になり、ははは、と笑いながら、店主はお店唯一のメニュー・あんかけラーメンを作り始めました。

大きなお玉杓子に、ひょい、ひょいと目分量で調味料をすくっては、中華鍋に投入し、肉や野菜とともに炒めていきます。その様子はリズミカルで、まさに職人技でした。

ここで何年も何十年も、あんかけを作り続けてきたに違いありません。

移りゆく町の片隅で、来る日も来る日も、ずっと。

たくさんの学生が丼を注文したあの頃も、今も、変わらず、誰かの心に残る味を作りたいという想いを胸に、おじいちゃんは生きてきたのです。

運ばれてきたラーメンを前に胸がいっぱいになり、一口食べると、思わず目頭が熱くなりました。

「ええっ？　なんで泣いてんの？　そんなにおいしい？」

びっくりしている友人に笑いながら頷《うなず》き、これから時々ここを訪ねよう、と密かに誓った夜でした。

仏教メモ 3

精進料理のすすめ

幼いころ、お寺で大きな法要が営まれるときには、門徒《もんと》（檀家）のおばちゃん・おばあちゃんが精進料理を作ってくださったものでした。当時は、肉や魚を一切使わず、干ししいたけの出汁だけを使ったお料理は地味に思えて、失礼ながらあまりおいしくないなあ、という印象を抱いていました。

ところが大人になるに従って、素材の味を生かしたシンプルなものに心惹かれるようになってきました。採れたての旬の野菜を使ったあえものや煮物、まぜごはんに天ぷら……。苦みや酸味、自然な甘み、香りや歯ごたえ。それは、こってりしたソースや、濃い味付けなどをほどこさなくてもおいしいということに、遅ればせながら気づいたのです。

さらに、京都の宇治市にある黄檗宗の本山・萬福寺でいただいた「普茶《ふちゃ》料理」は、わたしがそれまで精進料理に抱いていたイメージを大きく変えました。「普茶」とは普《あまね》く大衆に茶を施すという禅のことばからきており、行事の際に僧侶や信者が一堂に会し、上下の隔たりなく、ひとつの机に四人が座って、大皿に盛られた料理を取り分けて、楽しくいただくものだそうです。

黄檗宗は、一六六一年に中国の僧・隠元隆琦禅師によって開かれました。禅の教えと共に、建築や美術、隠元豆を始めとする食材、煎茶道などがもたらされ、同時に中国風の精進料理である、普茶料理も伝えられました。

普茶料理は、まず「筍羹《しゅんかん》」と呼ばれる大皿から始まります。旬の野菜や乾物の煮物など、数種類のおかずが美しく並べられ、見た目も華やか。味付けもバラエティーに富み、どれからいただこうかな、とわくわくして、思わず歓声を上げてしまうほどです。

その他、代表的なものは「麻腐《まふ》」と呼ばれる胡麻豆腐でしょう。精進料理の目玉とも言えます。

葛を使ったなめらかな食感で、口いっぱいに甘く香ばしい胡麻の香りが広がります。

また、「雲片《うんぺん》」は調理の際に出た根菜の切れ端も余すことなくいただくように、細かく切って油で炒め、葛でとじたもの。何も無駄にしないという禅の心が表れたひと品です。

わたしがいただいたものは、しいたけ出汁の香りとうまみが、たくさんの野菜の味をふんわりと包んでいたのが印象的でした。

次に興味深いところでは「もどき」が挙げられます。たとえば、豆腐と芋を使って鰻《うなぎ》のかば焼きに見立てた料理や、こんにゃくをおさしみに見立てたものなど。

これは目に見てもおもしろく、調理人の遊び心を想像するのも楽しい逸品です。

その他、汁物、揚げ物、あえ物、季節のごはんなど、食べきれないほどのボリュームがあるのですが、食感や香りもさまざまで、飽きることはありません。

ゆっくりと時間をかけて噛みしめると、手間ひまかけて調理されていることが伝わってきます。

すべて野菜が滋味にあふれ、生き生きとした「いのち」をいただいていることを実感します。

「食べるのがもったいないな」という気持ちになりました。

人は食事を取らなければ生きることができません。

「食べること」はとても大切で、いのちを支える基本となります。また、多くの支えによって今わたしが生かされているということを、ダイレクトに感じることができる行為、とも言えます。

精進料理は、今ここにあるいのちを見つめ直す、大きなきっかけを与えてくれます。

第七章

家路

あなたが生まれた町の名前
教えてください
たとえ　遠く　遠くなっても
呼びかけて　恋しい　ふるさと

風に舞う　白い花は　さくら
並木道　走る子どもたち
幼き日　あなたが遊んだ
れんげ畑を　渡る風

激しい雨は　やがて上がり
照りつける日ざしのもと
耕す土に　両手を合わせ
豊かに実れと願う

わたしが育った村のことば
聞いてください
今は　遠く　背を向けている
ほんとうは　なまりさえ　いとおしい

わたしが　なくした道を
どうか　探してください
たとえ二度と　戻れなくても
こころは帰るよ　ふるさと

ご先祖さま
ありがとう
南無阿弥陀仏
御燈明

コオロギが啼《な》く
川のほとり
黄金色《こがねいろ》
稲穂は揺れる
山の端《は》が
赤く染まるころに
まつりばやしが
聞こえる

ひとびとは　酒　酌み交わして
夜更けまで　唄い　踊る
鬼さん　こちら　手のなる方へ
今年もまた　秋惜しむ

あのひとが眠る
町のはなし
聞かせてください
胸に深く
しまい込んでも
聞こえるこだまは
ふるさと

あなたが
なくした道を
どうか
見つけてください
たとえ二度と
帰れなくても
あなたの　いのちに
ふるさと

たとえ　遠く
遠くなっても
呼びかけて
恋しい　ふるさと

「家路」　作詞―やなせなな（『夜が明けるよ』より）

今を生きる

わたしが宮城県のＤａｔｅｆｍ（エフエム仙台）でＤＪを担当しているラジオ番組に、ある女性リスナーから手紙が届いたのは、放送がスタートしてから一年後のことです。

ラジオネームは「まるまま」さん。

かわいらしい猫の便箋に、茶目っ気のあるていねいな文字で、いつもラジオを楽しみに聞いていています、と書かれていました。


その後、彼女はわたしのコンサートにも足を運んでくださるようになりました。

終演後の握手会で、ラジオにお手紙を送ったまるままです、と名乗られたその人は、いつも客席で大きなハンカチを開き、顔全体を拭《ぬぐ》うようにして泣いていました。何かとてもつらいことがあったに違いない、と気になったものの、涙の理由はわかりません。


そんなあるとき、番組宛にまるままさんから、一枚の写真が送られて来ました。かわいいうちの子です、とのこと。見てびっくり。我が家の猫にそっくりだったのです。

それで一気に親近感が湧き、猫好きトークも弾んで、いつしかメールのやりとりをするようになりました。

まるままさんこと本名・高橋匡美《たかはしきょうみ》さんは、塩釜市在住の主婦です。

二〇一一年三月十一日の津波で、石巻市にある実家が被災しました。

匡美さんも地震の激しい揺れを体験したものの、命は無事で、気がかりだったのは石巻のご両親のこと。連絡がつかず、車で向かおうにも道路が寸断されて、なかなか行くことができなかったそうです。

ようやく近くまで入ることができたのは、三月十四日。

迂回を繰り返し、やっとの思いでたどり着いたふるさとの風景は一変していました。町の姿は跡形もなく、町の周囲には流され押しつぶされた家や車が散らばり、その後発生した火事によって焼き尽くされていたのです。ショックで声も出なかったそうです。

よく見ると、遠くに実家の屋根がありました。

うちは流されなかったんだ、きっと両親が助けを待っている——

車を乗り捨て、歩いて家に向かおうとした匡美さんに、見知らぬ男性が声をかけました。

「今から南浜町に行くの？　ああいうのが、地獄って言うんだね。」

そしてこう続けたのです。

危ないから行くな、何があっても助けられないぞ、と。

そんなはずはない、ここはわたしのふるさとなんだから。

すぐそこに、家が見えているんだから。

ガタガタと震える歯を食いしばって、匡美さんは足場の悪い焼け野原の中を、一足、また一足と必死で歩きました。

その先で目にしたものは――

一階部分が破壊され、かろうじて建っているだけの我が家でした。二階の天井からわずか十センチのところまで津波の跡がついていた、とのことです。

家の一階では、匡美さんの大好きなお母さんが、泥と砂にまみれて倒れていました。抱き起こし、持っていたペットボトルの水で顔を洗い流すと、今にも目を覚ましそうな穏やかな表情で亡くなっていたそうです。

その後、三月二十六日に、遺体安置所でお父さんも見つかりました。

匡美さんは、その後、心に大きなダメージを受け、うつ病を患いました。

部屋に引きこもって、精神科の薬をお酒で流し込み、布団から起き上がることすらできない日々。自分も後を追って死んでしまいたいと、何度も考えたといいます。自身の住む家は流されることもなく、いっしょに暮らしていたご主人も息子さんも無事で、周囲からは被災者に見えない匡美さん。そこに支援の手は差し伸べられません。誰にも理解されない孤独を抱え、匡美さんは絶望していました。

そんな状態で二年ほどが過ぎたある日、匡美さんの人生を変える出会いが訪れます。ある人に誘われて、震災での体験を語るスピーチコンテストに出場することになったのです。

長らく家に引きこもっていた匡美さんは、最初は気が進みませんでした。それでも、語ることによって亡くなった両親の供養になるかもしれない、と思い直して原稿に向かったそうです。

それは無理やり心の奥に沈めた記憶を、もう一度掘り起こし、詳細に書き記すという、とてもつらい作業でした。しかし、コンテスト出場者同士の事前の交流を通じ、匡美さんは少しずつ本来の明るさを取り戻していきます。

そして迎えた当日、匡美さんの話に、多くの人が耳を傾け、涙を流しました。

ああ、わたしはこのことを、誰かに聞いてもらいたかったのかもしれない——

匡美さんは、自分が孤独から解放されていくのを感じたそうです。

このスピーチがきっかけとなって、匡美さんは故郷・石巻市南浜町で、震災を伝えるかたりべの活動をスタートさせました。

ご両親を亡くした悲しみ、自らの死を考えるほどの絶望感。それらを話すだけにとどまらず、かつて南浜町にはどんな人が暮らし、どれほど穏やかでしあわせな日々があったのかを、写真を交えてていねいに伝えています。

対象者は学生も多く、誰もがことばを失って話に聞き入るそうです。

匡美さんのかたりべは、いつもこんなことばで締めくくられます。


父と母から受け継いだ私の命、そして、あなたの、あなたの、あなたの……皆さんの命が、今ここに一緒にあります。

でも、残念なことに、ここにいるみんな一緒に明日を迎えられるという保障はどこにもないのだということを、私はこの震災で叩きつけられました。

だからこそ、明日じゃなくて「今」この一瞬、一瞬をみっともなくてもカッコ悪くても構わない、這いつくばっても生きていかなければ、と自分に言い聞かせています。

皆さんだって人間だもの、つらいことの一つや二つ、誰だってあるでしょう？　一つ解決したと思ったら、また新しい小さいことが一つ、次々と悩まされます。もう、それ、無理に乗り越えなくてもいいと思うんです。

やるべきことはきちんとやり、嫌なことで離れられるものからは離れて、しんどいことはもう一生背負って生きていきましょう。背負うのがしんどいなら、もうずるずる引きずっていきましょう。

明日が来ることは、奇跡だから！

周りの人にちょっとだけ優しく、何よりも自分を一番大切に。

「今」を共に生きていきましょう。

高橋匡美　命のかたりべ　より

仏教の根っこ

2

四諦八正道

お釈迦さまが悟りを開いた後、最初に説いたとされる教えに「四諦《したい》・八正道《はっしょうどう》」があります。

四諦の「諦」とは「あきらかにする」という意味を持ち、「真実」のことを指しています。

つまり「四諦」とは、四つの真実のことです。

苦諦（病状）……生きることは苦であること
集諦《じったい》（病気の原因）……苦しみの原因は本能的な強い執着、欲望（渇愛）であること
滅諦（病気の回復）……苦しみが滅した境地のこと
道諦（回復に至る治療法）……苦しみを滅するための道があること

※（）内は、理解しやすいように病にたとえられたものです。

具体的に「苦」は八つあるとされます（＝四苦八苦）。

①生まれる苦しみ（生苦）

②老いる苦しみ（老苦）
③病気になる苦しみ（病苦）
④死ぬ苦しみ（死苦）
⑤怨み憎む者と会う苦しみ（怨憎会苦《おんぞうえく》）
⑥愛する者と別れ離れる苦しみ（愛別離苦《あいべつりく》）
⑦求めるものが得られない苦しみ（求不得苦《ぐふとくく》）
⑧心身が活動しているだけで生じる苦しみ（五取蘊苦《ごしゅうんく》）

わたしたちは、自分というものを固定されたスタート地点としてものごとを捉えています。そのため、自分に都合の悪いことをそのまま受け止めることができないのです。全ての「苦」はここから始まっています。

では、それらの苦を滅し、静かな悟りの境地に至る道とは、どういうものであるのかを具体的に示しているのが、「八正道」です。

正見（正しい見解）
正思惟《しょうしゆい》（正しい考え）
正語（正しい言葉）

正業《しょうごう》（正しい行い）
正命《しょうみょう》（正しい生活）
正精進（正しい努力）
正念（正しい志向）
正定（正しい精神統一）

八つの中で一番に示されている「正見」が根本とされ、偏《かたよ》った見方をせず、物事のすがたをありのままに正しく見ることを表しています。

ただ、これが実践できるかと言えば……残念ながら、煩悩から逃れられないわたしたちには不可能ではないでしょうか。そもそも「正しい」「誤りである」という判断を「わたし」が下しているうちは、自分を絶対的なものだと錯覚している状態のままですよね。

しかし、自分中心のものの見方を離れた真実を知ることで、苦しみを生み出している己の愚かさに気づくことが、非常に重要ではないでしょうか。

第八章

祭りのあと

春雄さんは
ひとりぼっち

お日さまが　明るく輝く　夏やすみ
子どもたちは　元気いっぱい
駆け回っています
見守るパパもママも
にっこり

でも
みんなの笑い声から
遠く離れて
春雄さんは
ひとりぼっち

おやじ、しっかりしてくれよ、
ほんま

ああ

おかんの一周忌　もうすぐやろ
ちゃんと準備してんのか

……いや

春雄さんは
奥さんが亡くなったことを
受け止められません
一周忌
なんて言われても
考えるだけで　胸のあたりが重くなって
動くことすらおっくうになります

なあ
どないしたらええんや
なんで先に死んでしもうたんや

そんなある日
お弁当屋さんの前で
見慣れない女学生と出会いました

おっちゃん
毎日お弁当ばっかり食べてたら
体悪くするで

はあ？
なんや突然　えらそうに

自分でちゃんと作ったらええやんか

料理なんかできひんわい

よう作らへんのやったら　教えたるわ

女学生は
春雄さんの家に上がりこみ
てきぱきとお掃除を始めました

おっちゃんも
ぼーっとしてたらあかんで
ちゃんと手伝って
いらんもんは　ここへほかして

そして魔法のような手際の良さで
あっという間に
お料理を作ってくれたのです
あっけにとられる春雄さん

これ食べてみてよ

……うん、うまいな

それはとてもなつかしい味がしました

おっちゃん
ひとりで作れるように
これからも料理教えにきたるわ

そうして女学生は
春雄さんの家を
ちょくちょく
訪れるようになりました

お料理
お洗濯
お掃除
なんでも教えてくれます

女学生は
誰かにとてもよく
似ているような気がしましたが
春雄さんは
それが誰だったのか
思い出せません

秋にさしかかり
年に一度の村祭りの季節が巡ってきました

おっちゃん　お祭りいこう

そういえば
亡くなった春雄さんの奥さんも
このお祭りが大好きでした

よくいっしょに　神楽を見に行ったなあ

お祭りにはたくさんの人がやってきます
都会へ出て行った息子家族も孫娘も
この日ばかりはいなかへ戻り
みんないっしょにお参りです

なあ　人って　死んだらどうなると思う？

体が動かへんようになって
姿が見えへんようになって
声も聞こえへんようになって
触ることもできひんようになって

さみしいなあ

せやけど見て
かみさまも　いっしょやん

何十年　何百年と
こんなにおおぜいの人が
必死になって守ってんねんで
ここにいたはるって　信じてんねんで

あほみたい
あほみたいやけどな

忘れんといてね
わたしはずっと
ここにおるから

ずっと　ずっと
ここで見守ってるんやから
だいじょうぶや

語りかけている女学生の姿が
いつのまにか
亡くなった奥さんに変わり
静かに消えていきました

ありがとう
春雄さん

それからというもの　春雄さんは
お掃除　お料理　お洗濯
身の回りのことはきちんとできるようになり
笑顔も増えました

お義父さん　元気そうでよかったな
せやな　安心したわ

春雄さんは
ひとりぼっち

さみしいときもあるけれど
いつもあたたかい光に
包まれています

故郷で映画を作る

プロのシンガーソングライターを志したその日から、わたしには音楽に関するいくつかの目標がありました。オーケストラのような大がかりな編成でコンサートをしたい、CDがミリオンセラーになるほどのヒットを飛ばしたい、大ホールを満席にしたい、紅白歌合戦に出場したい……などなど、叶《かな》うはずもないような夢の数々です。

その中のひとつが「映画音楽（主題歌）を手がけること」でした。

わたし自身が映画を見に行った際に、本編が終わった余韻の中、エンドロールと共に流れてきた音楽に、幾度心を震わせてきたことでしょう。自分が作った歌も、映画を見た人の心にそっと寄り添うような役割を果たせたなら……と願って、一所懸命楽曲を作ってきました。

しかし、映画に関わる機会には恵まれませんでした。

いつか、いつか……と夢見てきましたが、音楽を始めて二十年が過ぎ、わたしももう四十代。このまま待っていても、関係者の耳に止まるような出会いはないかもしれない、とあきらめかけたとき、いっそ自分で映画を作ってしまえば良いのではないか、と思いつきました。

「わたしの歌を起用してくれる映画制作者を待つ」のではなく、「わたしの歌を使うために映画制作者になる」という、まさに逆転の発想です。

とはいえ、わたしは映画作りなど一度もしたことがない、まったくの素人です。何から手をつけたら良いのかわかりません。

ただ、手元には、自分で執筆した脚本がありました。

それは二〇〇九年に、あるテレビ局のシナリオコンテストに応募した原稿です。

自作の歌をひとりでも多くの人に聞いてもらう方法はないだろうか、と考えていたときにコンテストを知り、オリジナル曲を主題歌にするイメージで、歌詞を元に初めて書きました。

残念ながらコンテストには落選したので、長らく押入れの奥で眠っていたのです。

タイトルは「祭りのあと」。

主人公は、定年退職して久しいひとり暮らしの高齢者・春雄です。

一年前に妻・恵子を病気で亡くして以来、周囲の心配をよそに、無気力な日々を送っていました。

そんな春雄の前に、突然メグミと名乗る女学生が現れます。

日を追うごとに春雄と打ち解けたメグミは、ある日「神楽《かぐら》をいっしょに見たい」と言い出しました。神楽舞、それは亡き妻・恵子が病床で「死ぬ前にもう一度だけ見たい」と切望しながらも叶わなかった、地元の夏祭りで演じられるものでした。なつかしさもあって、春雄はその誘いに応じ、ふたりは祭りで神楽を見ます。そのときにメグミは春雄に、あることを伝えます。
メグミが春雄に伝えた〝あること〟が、物語の主題です。キャッチコピーとして考えたのは、こんな文章でした。

たとえ二度と会えなくても
あたなはそばにいてくれる

——愛する者との別離。その悲しみの先にあるいのちの輝きを描いた感動の短編

歌詞の世界観そのもののストーリーなので、長いミュージックビデオを作るつもりでやれば、できないことはないだろうと思い、半ば勢いで周囲に声をかけ始めたのは、撮影開始のわずか五ヶ月前でした。

まず、監督として迎えたのは、舞台演出家の渡辺和徳さんです。
故・つかこうへい氏のもとで、長年にわたり脚本の執筆や演出を学んだ渡辺さんとは、わ

たしの楽曲を使ってもらったお芝居がきっかけで出会いました。

映画監督の経験はないとのことでしたが、渡辺さんが演出される舞台に感銘を受けたわたしは、映像でもきっとその力を発揮してくださるだろうと見込んでお願いをしました。プロの脚本家である渡辺さんに、拙《つたな》い自分のシナリオを見せるのは恥ずかしかったのですが、「伝えたいことが、やなせさんらしい」と、わたしの依頼を快諾してくださったのです。


次に、主演をお願いしたのは、以前から面識のあったシンガーソングライターの大塚まさじさんでした。

大塚さんのデビューは一九七一年。何とわたしが生まれる前です。「男らしいってわかるかい」「プカプカ」など、後世に残るヒットを数多く生み出され、還暦を過ぎても現役のフォークシンガーとして全国で精力的にライブ活動を行っておられる大先輩。

以前大塚さんが出演された映画『父のこころ』(谷口正晃監督)を見て心打たれ、春雄を演じるのは大塚さんしかいないと一方的に確信し、出演依頼をしました。

断られることを覚悟しておたずねすると「僕でよいのですか」という謙虚なことばが返ってきました。そして「できることであれば何でも、精一杯やらせてもらいます」といって、快く引き受けてくださいました。


そのほか撮影に携わるスタッフには、これまでの音楽活動の中でお世話になったカメラマンや技術者、映像制作の仕事をしている従兄、芝居をやっている友人など、あらゆる縁を駆使して、ひとりひとりに直接お願いをしました。

誰もが皆、わたしの無謀な挑戦を笑うこともなく、力を貸すことを約束してくださいました。

続いて考えたのは、ロケ地をどこにするかです。

もともとのシナリオの舞台は、わたしの地元である奈良県を想定していました。セリフもすべて関西弁です。そこで、せっかく自分の好きなように作れるのであれば、今わたしが暮らしている町で撮影をしたい、と考えるようになりました。

わたしのふるさと高取町は、過疎が進む小さな村が集まってできています。

日本三大山城である高取城とその城下町、いくつかの古墳、たくさんの石像を有する壺阪寺など、観光できる史跡・名刹もあるのですが、全国的に広く知られているわけではありません。

また、こうした一部の名所を除くと、何の変哲もない不便な田舎です。ひとり暮らしの高齢者世帯も多く、わたしの母校の小学校は数年前に廃校になりました。ずいぶんさみしい町であることは否めません。

ですが、わたしにとっては、唯一無二のたいせつな場所です。なだらかな山々、小さな田畑に囲まれた集落、照れ屋だけど心優しい地元の人々――これらを映像に残したいと思いました。

そこでまずは、町や教育委員会に後援をお願いしました。反対されるのではないかという不安もありましたが、皆さんが熱心に耳を傾けてくださり、地域での撮影を許可してくださいました。

映画を作る体制は整えられたものの、次に問題となったのは資金でした。どうしたものかと頭を悩ませていると、友人に「クラウドファンディングにチャレンジしてみたら」というアドバイスをもらいました。

クラウドファンディングとは、「Crowd（群衆）」と「Funding（資金調達）」を組み合わせた造語です。不特定多数の人がインターネットを経由して、何かを作りたい・始めたいと思っている人に対して資金援助を行うしくみを指します。

対象は映画制作のみならず、ベンチャー企業への出資、発明品の開発、アーティストへの支援など多岐にわたり、発案者の企画内容に賛同した人が、プラットフォームと呼ばれるサイトを使って、一口一〇〇〇円程度から協力できるシステムになっています。

これまで一度も利用したことはありませんでしたが、少しでも制作費を集めたかったこと、また、この作品を知ってもらう機会にもつながることから、思いきって挑戦してみることにしました。

その結果、全国に散らばるファンの方々や、これまでに唄いに行った先のお寺さんなどの熱い応援により、わずか五日間という驚異的な早さで当初の目標金額に到達することができたのです。

多くの人の支えがあることを改めて実感し、どれほど勇気づけられたかわかりません。


こうして四ヶ月というわずかな準備期間を経て、二〇一七年七月十七日、わたしの四十二回目の誕生日に、ふるさとでの撮影がスタートしました。


映画は総合芸術です。

監督、キャスト、カメラマン、音声さん、照明さん……それぞれが完全な分業制。各々の技術と力を駆使して、見る人の心に残るものを作るのだという、ただひとつの思いを共有しながら作業に臨んでいました。

時間に制限はあるものの、スタッフの姿勢に妥協はありません。酷暑にも負けず、朝から晩まで全力で撮影している現場に立ち会い、その一部始終を見ることができたのは、一生の宝物になりました。

そして短編映画『祭りのあと』は、その年の十一月に無事完成しました。ロケ地・高取町でも翌年の三月に上映会を開催することとなり、当日は協力してくださった地元の皆さんのほか、他府県から足を運んでくださった方々で、町のホールは満席になりました。

うちの村が映画になったんやで、わしもあんたも映っとる
ええ想い出になったなあ
ほんまやな

みんなにこにこしています。

ところがその場には、大事な人がひとり、欠けていました。
撮影に当たり、エキストラの取りまとめをしてくださったのは「シズオさん」という、近

所のおっちゃんでした。当時、大字の区長を務めていたシズオさんは、大のお祭り好きで、地域のためにいつも走り回っていた郷土愛あふれる人です。

軽トラを乗りまわし、田畑を耕しているその体格はがっしりとしていて、厳しい表情を見せることも多かったのですが、にいっと笑う日焼けした顔は、ほっとしてしまうような愛くるしさがあり、周囲の人から頼られていました。


わたしが最初にエキストラの協力を頼みに行ったときには、怖い顔で迎えられたものですから、とても緊張しました。あかん！ と言われたらどうしようかと、びくびくしながら内容を説明しましたが、拍子抜けするほどあっさりと協力を承諾してくださいました。

ただし、ひとつ条件があるとのこと。

それは、映画の中のフィクションのお祭りだけでなく、本物のこの村の祭りの様子も、何らかの形で残して欲しい、という希望でした。

私はその気持ちを大切に受け止め、エンドロールにはシズオさんたち、村のエキストラの皆さんの名前と共に、大字の秋祭りの映像を流すことにしました。


本編撮影後、秋祭りの様子も無事カメラに収めることができ、村の人たちにも大きな画面で見てもらえることが決まりました。

シズオさんも、きっと喜ぶだろうなと、わたしもとても楽しみにしていたのですが――

上映会を待たずに、シズオさんは亡くなってしまったのです。

数年前から、体調はあまり良くなかったらしい、と、お通夜の後に聞きました。とてもお元気そうに見えていたので、最初にしらせを聞いたときは信じられませんでした。そしてわたしは、激しく後悔しました。完成した映像を、小さいパソコンの画面でも良いから、すぐにシズオさんに見せればよかった、と。

まさかこんなに早くお別れが訪れるなんて思いもしなかったのです。悔やんでも悔やみきれません。

せめてもの感謝の思いを込めて、上映会ではシズオさんの写真を画面に映写し、追悼の意を表しました。ホールの大きなスクリーンに、撮影中のシズオさんの姿が現れます。元気そうな、ひとなつっこい笑顔です。その姿を見て、泣きだす村の人も多く見受けられました。

さみしさを分かち合う会場に、大きな拍手が起こりました。

たとえ二度と会えなくても
あなたはそばにいてくれる——

わたしが出会った仏の教え 3
「往還回向」

「回向《えこう》」とはpariṇāmanā の漢訳で、「回」はめぐらすこと、「向」はさしむけることを表します。浄土真宗では、阿弥陀仏から回し向けられたはたらきのことを意味し、それによって衆生《しゅじょう》が浄土に往生する姿が「往相《おうそう》」、仏となった後に衆生を救うために浄土からこの世に還《かえ》ってくる姿が「還相《げんそう》」です。

「浄土」は、煩悩のけがれを離れた浄《きよ》らかな仏さまの世界のことを指します。

通常わたしたちは、どこか遠くにそういう場所があって、肉体が消滅した後に霊魂がふわふわとその世界へ上がっていくような、そんなイメージを抱きがちではないでしょうか。確かにお経の中では、浄土はどんな様子であるのかが言葉で描かれています。しかしそれはイメージの補助をしているようなもので、本来はわたしたちが理解できるような空間や時間を超えたものです。

わたしたちの理解を超えた世界――そんな「わからない世界」なんて自分には関係ないし、考えずに済ませたいと思いますが、誰の身にも必ず訪れる「死」に際したときに突きつけられる問題と、「浄土」は、深く関わってきます。

わたしたちは、自分を取り巻くあらゆるものごとを、自分の頭と体と心で理解したい、納得したいと願っています。にもかかわらず、死はそのスタート地点である「わたし」そのものを失うということを意味します。こうなるとお手上げ。コントロールのしようもないのです。

また、それは、「わたし」ひとりの問題にとどまりません。

「わたし」にとって親しい人を始め、関わるすべての生命は死を迎えます。

避けられない別れに際したときには、自分たちの力ではどうすることもできない事象を受け止めざるを得ません。

そこでようやく「わたし」を超えるはたらきが自分たちの身に至ることを知らされるのです。

このように書くとややこしいですが、こんな例がありました。

わたしが住職を務めるお寺の門徒《もんと》（檀家）さんのおばあちゃんが亡くなられました。いつもにこにこ笑顔を絶やさない、非常にやさしいお人柄でした。残された家族は、余程つらかったのでしょう、その現実をなかなか受け止めきれず、さみしくて泣いています。そこへご近所の方々がお参りにこられました。皆、かつて親やきょうだい、夫や妻や子と、死によって別れた経験のある方々でした。

いっしょにお経を読み、手を合わせます。

さみしいな、悲しいな、という気持ちが重なりあい、「南無阿弥陀仏」の声が大きく響きました。その声を聞いていると胸が熱くなり、わたしは親鸞聖人のあるご和讃を思い出しました。

南無阿弥陀仏《なもあみだぶつ》をとなふれば
十方無量の諸仏は
百重千重囲繞《いにょう》して
よろこびまもりたまふなり

『浄土真宗聖典（注釈版）』（本願寺出版社、五七六ページ）

南無阿弥陀仏と口にした時、数え切れないほどのたくさんの仏さまが、幾重にもわたしたちを囲んで、あたたかく守ってくださっていますよ、と教えてくださる一節です。

まさに今、ここで聞こえるお念仏の声こそが、さみしく悲しいわたしたちの命を包んでいる仏さまなのだ、と、心に、体に、命そのものに、響いてくるようでした。

亡くなった人は、日常の悩みを解決するためにあの世からこの世に現れる、「わたしに都合の良い仏さま」ではありません。

救われないこの身をゆだねるしかない、と、悲しみの中で思い知らされるその瞬間に、南無阿弥陀仏の声となって、今、ここに、このわたしひとりのために、還ってきてくださっているのです。

終章

光のおばあちゃん

いつか遇えるその日まで

昨年末、祖母が百二歳で亡くなりました。

ある日の夕方、自宅で夕飯を食べようとした時に脳梗塞を起こして倒れ、救急車で運ばれました。七ヶ月の入院生活を送り、心やさしい先生方がリハビリを行ってくださいましたが、以前のように話すことはできず、半身も麻痺してしまい、結局元に戻ることはありませんでした。

それでも手厚い看護と治療を受けることができ、家族に看取られた最期は、とても安らかなものだったと思います。


通夜葬儀は、祖母が長年暮らし、年寄るまで日々の読経を欠かさなかった、お寺の本堂で勤めることになりました。

雨戸を全て取り外し、白い布で整えられた堂内には、美しい花がたくさん飾られます。また、「わたしが死んだらこれを使ってほしい」と祖母が生前に自ら準備していた白い度牒《どちょう》と打敷《うちしき》も、きちんとご本尊の前にかけられ、いつもとはまるで違う雰囲気になりました。

花に囲まれた遺影の中の祖母は、笑っていました。

それはわたしが住職を継いだ記念法要の日に撮影したものです。本堂の前で、わたしと並んで映した一枚。ほんとうにうれしかったんだろうなと感じさせる、朗《ほが》らかな祖母らしい笑顔です。それを見ると涙があふれました。

お葬式の日は、雲ひとつない晴天に恵まれました。

近所の人や、門徒《もんと》（檀家）さんが駆けつけ、最後の別れを惜《お》しんでいます。大勢の弔問客の中には泣いている人の姿もあり、祖母が多くの人に慕われていたことを改めて知らされました。

また、離れて暮らすわたしのきょうだいや、なかなか会えない親戚なども一堂に会しました。

さみしい別れの席ではありますが、再会を喜んで想い出話に花が咲く、これが法事の良いところでもあるのでしょう。

泣いて、笑って、手を合わせて。

慌ただしい中、たくさんの人と共に見送ることができてほっとしましたが、小さな骨になった祖母を前にしてひとりになると、今度はさみしさが胸に込み上げます。

おばあちゃん
おばあちゃん

何度呼びかけても、もう祖母は答えてくれません。

すると、これまで思い出すこともなかったような、遠い記憶が次々とよみがえってきました。


子どものころ、毎晩いっしょに眠ったこと。

おいしいごはんを作ってくれたこと。

お風呂で海ぼうずの歌を唄ったこと。

仕事が忙しかった母に代わって、学校の授業参観に来てくれたこと。

初めて編んだマフラーをプレゼントしたこと。

大人になってから温泉を旅行したこと。

何度もけんかしたこと。

映画を見て、ふたりで泣いたこと。

いっしょにお参りしたこと。

お仏飯《ぶっぱん》を下げるときに、しんらんさまの歌を唄ったこと。

テレビの前でメガホンを振って、阪神タイガースの応援をしたこと。

韓国ドラマを夢中で見たこと。


わたしが作るごはんを喜んで食べてくれたこと。

お風呂に入れてあげたこと。


脳梗塞で倒れた翌日、こんなんになってしもた、と涙ながらに病室でつぶやいたこと。

寝たきりになっても、わたしたちが病室をたずねると、おっ、と口をすぼめ、うれしそうに目を大きく開けていたこと。

リハビリの先生、男前でええなあ、と言ったら、照れながら大笑いしたこと。

しんどい？　痛い？　と聞いても、一度もうん、とは言わなかったこと。

もうええねんで、あとは仏さんに任せたらええねんで、みんな待ったはる——

意識を失う数日前に、手を握り、泣きながらわたしが言うと、うん、うん、と確かに頷《うなず》いたこと。

何気ない日々の暮らしから最期の瞬間まで、すべては祖母と共に過ごした、かけがえのない時間でした。

ありがとう、おばあちゃん。

人は死んだらどうなるのかなと、幼いころは不思議で、祖母にも何度もたずねましたが、正直なところ、今でもそのこたえはわかりません。ずっとわからないままなのだろう、と思います。

ただ、ひとつだけ言えることは、わたしを育ててくれたたいせつな人が、いのちを終えたその先で、待ってくれているということです。

本棚に残されていた「法話」と書かれたノートには、祖母の文字でこう記されていました。

総てのものが落ち着く所が西方《さいほう》で
ここにお浄土があり　阿弥陀様がおいでになって
煩悩にみちた私達を常にあわれみ　本願力《ほんがんりき》に包みとって
お浄土に迎えて下さるのです
そして先に往生なさった人々と共に
お浄土で遇える日まで
娑婆《しゃば》の私達の命を　しっかりとささえて下さっているのが
この慈悲に満ちた　阿弥陀如来様であると　いただくのであります

お日さまが西の空の彼方にしずむころ
村の高台にある
古いスピーカーから
チャイムが鳴り響きます

カランコロン
カランコロン

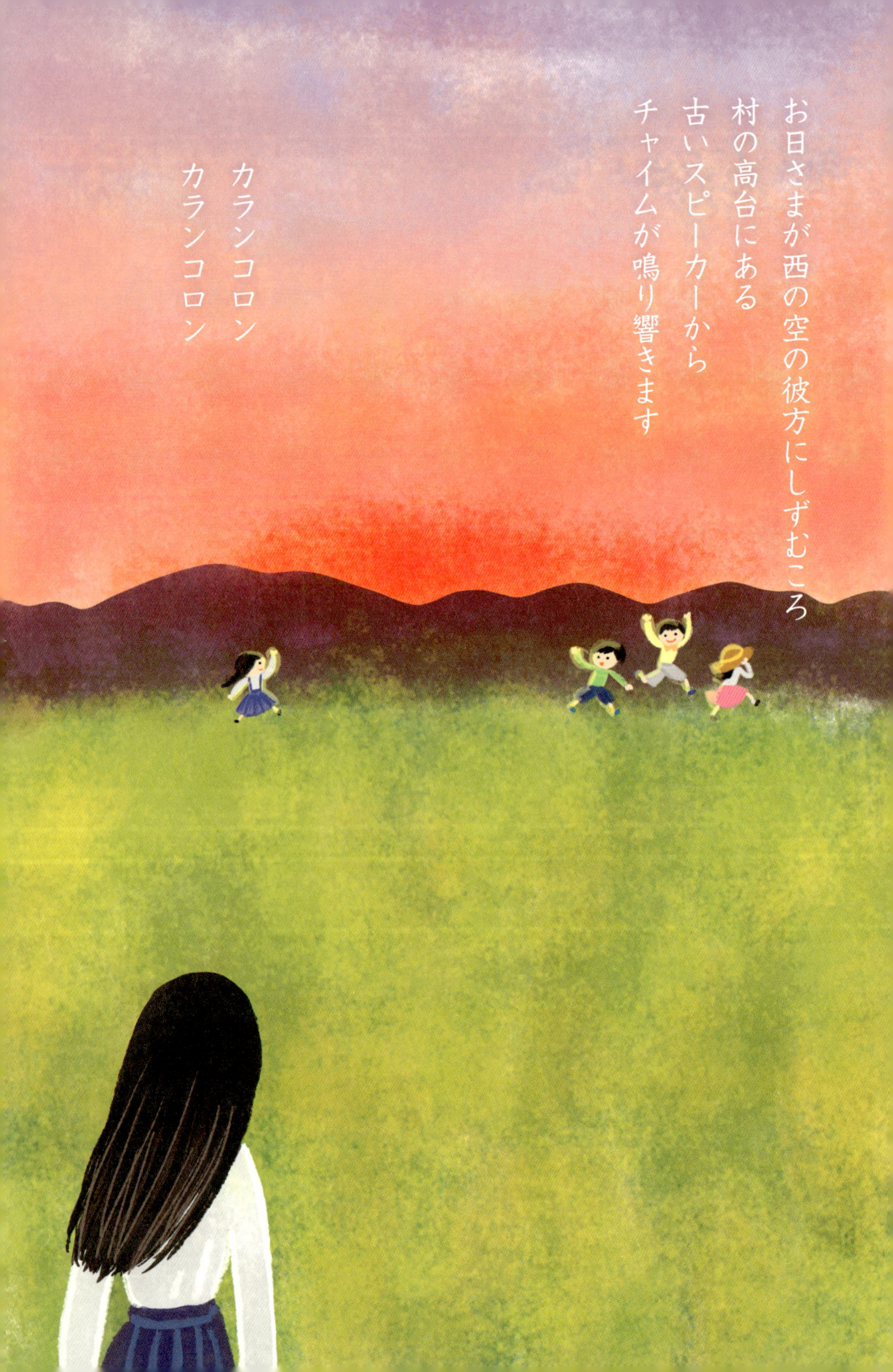

帰るといつもおばあちゃんが待っていて
お仏飯《ぶっぱん》の準備をします

なんまんだぶ　なんまんだぶ
おばあちゃん

あんた
泣いてるんか

だいじょうぶや
おばあちゃんな　もうお浄土におるから

　　おじょうど？

そうや
あんたのことも　いつも見てるんやで

　　いつも？

うん　いつも

なんまんだぶ
なんまんだぶ

あとがき

「今さっきお話しされた内容が、そのまま本になっているものはありますか？」

　わたしの歌とお話を聞かれた方々から、終演後、こんなふうにお声がけをいただくことは少なくありません。

　わたしは現在、日本全国津々浦々、宗派を問わず、ご依頼をいただいては、歌とお話をお届けする「〝歌う尼さん〟法話コンサート」の活動を続けています。

　自身の拙《つたな》い経験と、わたしなりの仏教の味わいを、歌とお話でお伝えしているのですが、聞いてくださった方が、その話を持って帰りたい、と言ってくださったことがとてもうれしくて、出会った人々への感謝を込めて、この本を作ろう！　と思い立ちました。

　執筆に当たっては、わたしの大好きなイラストレーター・みよこみよこさんのお力をお借りしました。

言葉だけでは伝えきれないなつかしい空気や、仏さまのぬくもり、人々のやさしさといったものを、素敵な絵によって表現していただけたことは、この上ない喜びです。みよこみよこさんもまた、幼い頃から神さま仏さまに手を合わせる家庭に育ったそうで、わたしの話にぴったりと寄り添うように、心あたたまる絵を描いてくださいました。感激！

そして、「こんなものを作りたい」というわたしの望みを全面的に理解し、良い本を作ろうと共に奮闘してくださった、国書刊行会の今野道隆さんには、この場を借りてお礼申し上げます。本当にありがとうございました。

この本を手にしてくださった皆さまの心の中に、あたたかい仏さまの光が灯ることを願ってやみません。

二〇一八年　秋

やなせなな

やなせなな　文

浄土真宗本願寺派華咲山教恩寺第六世住職、シンガーソングライター。

龍谷大学文学部真宗学科卒業。

1975年、奈良県に生まれる。

2004年シングル『帰ろう。』でデビュー。

2010年教恩寺継職。

これまでに5枚のアルバムを発表し、CMソング、ゲームのテーマソング、劇中歌などに使用される。

コンサート活動の一方で、YAMAHA会員情報誌『音遊人』エッセイ連載（2006～2019年）、ラジオ番組のパーソナリティ、映画の企画・脚本・音楽制作、市民向け仏教講座講師など、多彩な活動を展開。

30歳で子宮体ガンを克服した経験と、寺院で生まれ育った僧侶という視点を生かした癒しの歌と、涙あり笑いありの巧みなトークは、幅広い層から確かな支持を獲得。これまでに全国47都道府県およそ600ヶ所でのコンサート・法話・講演会活動を成功させた実績を持つ。

著書に『歌う。尼さん』（遊タイム出版）、『ありがとうありがとう さようならさようなら～歌う尼さんの仏さま入門』（さくら舎）、『よるがあけるよ CDブック』（さくら舎）がある。

http://www.yanasenana.net

みよこみよこ　絵

イラストレーター。

1973年、名古屋市に生まれる。

早稲田大学第一文学部美術史学科卒業後、フリーランスのイラストレーターになる。

神楽坂みやげのぽち袋をはじめ、書籍、ポスター、ワインラベル、暖簾、企業カレンダー、御朱印帳、番組タイトルなど、幅広く活動中。

やなせななとのコラボは『よるがあけるよ CDブック』（さくら舎）に次いで2作品目。

http://miyocolony.com

歌う尼さんのほっこり法話

ISBN 978-4-336-06341-0

2019年2月18日　初版第1刷　発行

文｜やなせなな
絵｜みよこみよこ
発行者｜佐藤今朝夫

発行所｜株式会社 国書刊行会
〒174-0056　東京都板橋区志村 1-13-15
電話 03(5970)7421
FAX 03(5970)7427
e-mail: info@kokusho.co.jp
URL: http://www.kokusho.co.jp

乱丁本・落丁本はお取り替えいたします。

装幀｜ Malp Design（宮崎萌美）
本文デザイン｜ Malp Design（佐野佳子）
印刷・製本｜三松堂株式会社